BEI GRIN MACHT SICH IHR WISSEN BEZAHLT

Bibliografische Information der Deutschen Nationalbibliothek:

Die Deutsche Bibliothek verzeichnet diese Publikation in der Deutschen National-
bibliografie; detaillierte bibliografische Daten sind im Internet über http://dnb.d-
nb.de/ abrufbar.

Impressum:

Copyright © 2016 GRIN Verlag, Open Publishing GmbH
Druck und Bindung: Books on Demand GmbH, Norderstedt Germany
ISBN: 978-3-668-17481-8

Dieses Buch bei GRIN:

http://www.grin.com/de/e-book/318177/die-zeit-der-weimarer-republik

Mike G.

Die Zeit der Weimarer Republik

Detaillierte Schilderungen der vielschichtigsten Phase der deutschen Geschichte in Stichpunkten

GRIN Verlag

Die Weimarer Zeit[1]

Vorwort

Die Weimarer Republik war das Resultat der sogenannten Novemberrevolution, welche das Kaiserreich vorerst beendete. Die erste deutsche Republik musste sich enormen politischen, sozialen und gesellschaftlichen Hürden stellen, woran sie letztlich scheiterte und den Nährboden des Nationalsozialismus bildete, womit sie permanent in den Köpfen der modernen Menschen verbunden wird. Die folgende Arbeit versucht stichwortartig und chronologisch die Geschichte einer zu Unrecht verhassten Republik wiederzugeben, welche vor allem unter Stresemann große (außenpolitische) Erfolge leistete und das Demokratieverständnis der Deutschen nachhaltig prägte. Zusätzlich findet sich zu Beginn die Novemberrevolution (kurz und prägnant) geschildert, welche das Entstehen der Republik förderte und die alten Mächte entmachtete. Neben den Ereignissen auf deutschem Boden wird ebenso ein intensiver Blick auf die bald entstehende Sowjetunion und der Machtwechsel Lenin → Stalin gerichtet sowie dem erstarkenden Faschismus in Italien unter Mussolini, welcher Hitler nachweislich prägte. Weiterhin wird ein Blick auf die amerikanische Politik unter Roosevelt zur Zeit der Weltwirtschaftskrise geworfen, um einen möglichen (und sehr effektiven) Ausweg aus der Krise aufzuzeigen, an welcher die Republik letztlich scheiterte. Es findet sich ein Verfassungsvergleich mit der Paulskirchenverfassung des Jahres 1849 und ein Überblicksblatt zum Thema Reparationspolitik, welcher in der Politik ein (zu) hoher Stellenwert gewidmet worden ist. Abschließend finden sich einige Ansichten von Historikern über die Weimarer Republik sowie Analyse der Entstehungszeit bzw. der Folgen für die Nachwelt.

- **14. August 1918** OHL erklärt Krieg für aussichtslos und drängt auf Frieden.
- **28. Oktober 1918** Marineführung will Matrosen in Wilhelmshaven und Kiel zu letzter Schlacht führen, um in Ehre zu sterben.
  → Matrosen weigern sich, **Novemberrevolution** beginnt.
- **4. November 1918 Arbeiter- und Soldatenräte übernehmen Macht in Kiel.**
- Nach sowjetischem Vorbild; Überall bildeten sich spontan Arbeiter- und Soldatenräte und übernehmen Macht von der gelähmten Ordnungsgewalt. Um Strafen wegen Meuterei zu verhindern Unterstützung bei Soldaten und Arbeitern mittels Massenkundgebungen gesucht.
- **8. / 9. November 1918** Bewegung erreicht Berlin.
- Reichskanzler Max von Baden veranlasst **Rücktritt des Kaisers** und übergibt Macht an Friedrich Ebert.
  - Ebert war Sozialist, wollte Revolution aber nicht radikalisieren.
- **9. November 1918 Deutsche Republik wird ausgerufen!**
- Scheidemann (MSPD) ruft Republik aus, danach ruft Liebknecht (Spartakusbund) Republik noch einmal aus.

---

1 Bildquelle: http://gutezitate.com/zitat/243424

- Übereilte Aktion von Scheidemann um neues Deutschland nach bürgerlich-sozialen Grundlagen zu errichten.
    Liebknecht wollte mit seinem Ausruf sozialistisches Deutschland herbeiführen.
- **9. November 1918 Max von Baden (Arbeitsblatt).**
- Ebert soll Reichskanzler werden. unter Liebknecht entsteht der sowjetische Bolschewismus.
- Appell an das Volk für eigene Staatsform in der Nationalversammlung zu stimmen.
- Gefahr einer Revolution sollte eingedämmt werden. Sozialdemokratischer Kanzler und parlamentarische Demokratie wurden als kleineres Übel angesehen als sozialistisches Rätesystem (Furcht vor Entwicklungen wie in Russland).
- Langfristig sollte die Monarchie zurückkehren (Wahlkampf ließ diesen Weg offen, auch die linken Parteien sollten sich dieser legalen Mittel bedienen).
- **10. November 1918 „*Rat der Volksbeauftragten*" einberufen.**
- Bestehend aus MSPD und USPD, Ebert übernimmt Vorsitz der MSPD.
- **10. November 1918 Ebert- Groener-Bund.**
- Ebert sichert sich Loyalität der Reichswehr, um sozialistische / kommunistische Aufstände niederzuschlagen.
- **11. November 1918 Frieden von Deutschland in Compiegne geschlossen.**
- Hindenburg und Ludendorff treten zurück und übertragen Verantwortung an Prinz Max von Baden.
- **11. November 1918 Zentrumspolitiker Erzberger unterzeichnet Waffenstillstand.**
- **15. November 1918 Abkommen der Zentralarbeitsgemeinschaft unterzeichnet.**
- Verbietet sozialistische Revolution oder Veränderung.

Unterschiedliche Konzepte für Ausbau der neuen Staatsordnung.	
USPD	**MSPD**
Sozialistische Rätedemokratie. Alte Machteliten ausschalten und Gesellschaft und Wirtschaft für Arbeiter angenehmer gestalten.	Parlamentarische Demokratie, welche von verfassungsgebender Nationalversammlung gewählt wurde.

- **1918 Novemberrevolution** stürzt Monarchie und gründet Weimarer Republik.
- Friede führte zur nachhaltigen Neuordnung der Weltpolitik => Weltpolitische Wirkung des Krieges.
- **Außen:** Schwächung des imperialistischen Systems.
- **Innen:** Polarisierung ins linke oder rechte Spektrum; Monarchien durch Sozialismus, Faschismus oder Demokratie ersetzt.
- **Pariser Vorortverträge** zwischen deutschen Bündnispartnern als separate Friedensverträge geschlossen.
    → **Verhandlungsfrieden.**
    => Erster Weltkrieg bedeutet tiefe Zäsur für Weltgeschichte.
- Demokratisch organisierte Nationalstaaten siegen über traditionellen Monarchien und Vielvölkerstaaten, nach Krieg brechen viele Regierungen zusammen.
- **Weimarer Republik** musste sich enormen politischen, sozialen und wirtschaftlichen Problemen stellen.
- Gesellschaft, Politiker und Unternehmer hingen noch an alter Monarchie.
- Anhänger des alten Systems ringen mit Befürwortern einer revolutionären Veränderung und maßvoller, revolutionärer Entwicklung.
- Gegensätze und scheinbar unlösbare Konflikte schaffen **Nährboden für Nationalsozialismus.**
- **Weimarer Republik** zeigt Vor- und Nachteile einiger politischer und wirtschaftlicher Lösungsstrategien.

- **Italien war Siegermacht des ersten Weltkrieges.**
- Bevölkerung fühlte sich als Verlierer, da nur Südtirol annektiert und nicht wie vorher vereinbart Adriaküste und einige griechische Inseln.
  - → Man fühlte sich verraten, als ob man sinnlos gekämpft hätte.
- **1918 Spaltung der sozialistischen Frauenbewegung und Gründung der KPD.**
- USA und Japan wurden neuen Machtzentren, später auch Russland.
- Russland wurde Sozialismus, Deutschland Republik.
- Staatengemeinschaft und USA haben erkannt, dass weltweite Verflechtungen internationales Eingreifen erfordern.
- Osmanisches Reich musste nichttürkische Gebiete abtreten und verlor Machtstellung in Europa.
- Österreich-Ungarn in viele Einzelstaaten aufgelöst wegen **Selbstbestimmungsrecht der Völker** und um Nationalitätenproblem zu lösen.
  - → Viele Mischvölker in Europa, daher **Selbstbestimmungsrecht nur bedingt erfüllbar.**
- Deutschösterreich wurde eigener Staat, nicht an Deutschland angegliedert.
- In Ost- und Südeuropa entstanden viele instabile Kleinstaaten.
- **=> Bot Anlass für viele Konflikte.**
- Erster Weltkrieg keine Katastrophe für Amerika.
- Unterstützte Frankreich und England mit Krediten → **Parteiische Neutralität.**
  - → Abhängigkeit der Alliierten zu Amerika beginnt.
- USA verloren 50.000 Mann im Krieg und 60.000 Mann durch Seuchen.
- Weniger Verluste als Europäer, keine Kampfhandlungen auf amerikanischem Boden.
- Kongress war gegen **Versailler Vertrag**, aber **14 Punkte Plan** nicht durchgesetzt.
  - → USA sind Gläubiger Europas, kein direkter Einfluss.
- **Zusammenbruch des Imperialismus.**
- Deutsches Kolonialreich brach mit Erstem Weltkrieg zusammen.
- Europäischer Imperialismus hat zwei Gesichter: Europäisches und Überseeisches.
- Gesamtfazit einfach für Metropolen zu ziehen als für Kolonien.

Nationaler Prestigegewinn von außenpolitischen Spannungen begleitet.	Soziale Frage von Industrialisierung gelöst (bot Industrieproletariat neue Erwerbsmöglichkeiten), nicht durch Kolonien.	Wirtschaft nur um 0,6 % angestiegen, keine größere Auswanderung. Ausbau direkter Herrschaft und Infrastruktur verschlang hohe Kosten.	Kulturelle Annäherung, da westliche Ideale, Lebensstile, Technologien, Wissenschaften und Politikmodelle in Kolonien gelangten und von Eliten übernommen wurden.
Besitz von Kolonien war Luxus, kein Nutzen für Politik und Öffentlichkeit.	Deutsche Kolonialpolitik enttäuscht gesellschaftliche, wirtschaftliche und nationale Leitvorstellungen.	Wirtschaftliche Erwartungen in keinem Imperialstaat erfüllt worden.	Kulturelle, soziale und wirtschaftlichen Traditionen zerstört, aber zum Teil auch Modernisierung der Tradition. Einheimische rassistisch misshandelt, kulturelle Unterlegenheit aufgezeigt.

=> Deutschland griff stark in Sozial- und Wirtschaftsform ein, obwohl z.B. Ausbau der Infrastruktur Kolonien nutzte.

=> Imperialismus nicht nur Geschichte der Ausbeutung, sondern auch der Neugestaltung, jedoch unter Zerstörung einheimischer Politik, Wirtschaft, Kultur, Gesellschaft und allem Sozialen.

- **Auswirkungen der Industrialisierung zum Ende des Kaiserreiches.**
  - 33% der Menschen sind Bauern, deren Löhne steigen, Übergang zum Industriestaat gefürchtet.
    - Forderten Schutz vor ausländischer Konkurrenz.
  - **Protektionistische Zollpolitik:** Mithilfe des „BdL" (Bund des Landwirte) und Konservativer gelingt es Schutzzölle auf ausländische Waren zu erheben.
  - Handwerker, Einzelhändler und kleine Gewerbebesitzer (= **Alter Mittelstand**) sehen sich bedroht.
  - Druck der Fabrikanten und Warenhäuser wächst, Forderung durch Interessenverbände „ehrliche deutsche Arbeit" zu schützen.
  - **Neuer Mittelstand** wächst, alter schrumpft.
  - Industrie, Banken, Handel, Versicherung benötigen Werkmeister, Buchhalter, Sekretäre.
    - => Zwar noch immer im Abhängigkeitsverhältnis, jedoch bevorzugte Stellung innerhalb der Arbeiterschaft genossen.
  - **Adel** hat im Industriestaat keine Funktion mehr.
  - Genoss dennoch hohes Ansehen und Privilegien im Militär und Parlament.
  - Bürgertum ist neben Adel zur führenden Schicht aufgestiegen.
  - Richtete sich im Stil und Lebensweise nach Adel.
  - Jedoch keine Vermischung der Stände z.B. durch Hochzeiten.
  - **1. Dezember 1918 Präsident Ebert in der Volksversammlung (84/M5).**
  - Große deutsche Revolution wird keine neue Knechtschaft, sondern Freiheit bringen.
    - Adels- und Militärherrschaft stürzten das deutsche Volk in den Abgrund.
    - Demokratie soll auf fester Verfassung, Recht und Vernunft begründet / aufgebaut werden.
      - => Nationalversammlung soll Demokratie festigen.
  - Sozialdemokratie ist Kampf gegen die Unterdrückung der Menschheit.
    - Ist Mittel Freiheit, Glück und Wohlstand des Volkes zu erhöhen.
  - Sozialismus kann sich nur behaupten, wenn Wirtschaft höhere Erträge erbringt, Arbeitslast verringert und Möglichkeiten des Verbrauches sowie der Freude eröffnet sind.
  - Linke Parteien sprechen Volk Reife ab, da man es erst sozialisieren müsse.
    - Dieses Experiment schadet den Arbeitern und diskreditiert den Sozialismus.
    - Diese Form der Geringschätzung beim Adel vorzufinden, daher unpassend fürs Proletariat.
      - => Sozialismus ordnet Wirtschaft zum Nutzen der Allgemeinheit; Unordnung, Gewalttat und persönlicher Wille sind Todfeinde.
  - Revolution nur dann erfolgreich, wenn Putschtaktiken bekämpft werden.
    - Ebert warnt vor Stalin-Zuständen.
  - Grundlagen sollen Isonomie und Freiheit sein, sowie Beseitigung von Hunger, Ausbeutung und Unordnung.
  - Zeichnet Vision von freiem, gesundem und frohem Volk ohne Leid.
    - Appell an alle sich der Revolution für Freiheit, Demokratie und Sozialismus anzuschließen.
  - **Eberts Position.**
  - Wertung als große, deutsche Revolution.
  - Bekenntnis zur politischen Freiheit und Verfassung (Demokratie).
  - Sturz des alten Systems gilt als zentraler Entwicklungsschritt (Sozialistisch im Sinne vom Ende der Ausbeutung, Möglichkeit zur Entfaltung von Wohlstand und Glück).
  - Wirtschaftliche Lenkung durch den Staat, aber nicht nach sowjetischem Modell.
  - Strikt gegen Gewaltpolitik.
  - Ziel: Einigung des deutschen Volkes in der Demokratie.
    - => Idealistischer zukunftsoptimistischer Ansatz.

- **16. - 20. Dezember 1918 allgemeiner Reichskongress in Berlin einberufen.**
- Soldaten- und Arbeiterräte versammeln sich und lehnen Konzept der USPD ab.
- **18. Dezember 1918 erfolgreichster, intellektueller Gegner der Republik Oswald Spengler (84/M6).**
- Hat 7. November 1918 in München erlebt und war dem abgeneigt.
  - Sieht es nicht gerne, wie der Kaiser beschimpft und davon gejagt wird.
  - Kaiser habe selbstlos und aufopfernd 30 Jahre lang an Größe Deutschlands mitgearbeitet.
- Erkennt die typischen Phasen einer Revolution.
  - Langsamer Abbau der Ordnung; Sturz, Radikalisierung und Umkehr.
    - Ist sich sicher, dass Monarchie dadurch gestärkt wird.
- Zieht Parallelen zur französischen Revolution (Tyrannei von Robespierre).
- Lehnt sich an nationale Einigung und Befreiungskriege an.
- Fordert Züchtigung gegen die die Schrecken des Krieges verblassen, sodass kleine elitäre Gruppe aufsteigen muss und das Volk zur Vernunft bringt.
  => Napoleonische Diktatur wird Erlösung schaffen, daher Blutvergießen gerechtfertigt.
- **Spenglers Position.**
- Wertung der Absetzung des Kaisers als widerlich, Empfindung von Ekel.
- Aufwertung des Kaisers und seiner Leistungen steht im Kontrast zur Abwertung des Volkes als Pöbel und Lappenhunde.
- Vergleich zur französischen Revolution (Jakobinerherrschaft) → Verdrehung von historischen Zusammenhängen.
- Hoffnungen auf Gegenrevolution und Rückkehr zum System unter Führung des Adels oder preußischer Beamten.
  => Sinnt auf Rache.
- **1918 – 1920 Bürgerkrieg in Russland.**
- **Rote** (Befürworter der Revolution) und **Weiße** (Gegner) kämpfen und verwüsten Russland wegen Revolution.
- Industrie und Infrastruktur brach zusammen, Flucht und Wanderungsbewegung, Millionen Menschen starben an Hunger oder durch Krieg.
- Ansatz der Rätedemokratie schwindet zu militarisierten, zentralistischen Partei unter Druck des Krieges.
- **Kriegskommunismus** entstand, da alle staatliche Tätigkeit auf Krieg ausgerichtet wurde.
- Verteilungsmechanismus des Marktes wandelt zu Zentralverwaltungswirtschaft.
- Geld und Wirtschaft verlieren an Bedeutung → Lebensmittel, Verbrauchsgüter und Rohstoffe werden kostenlos verteilt.
- Trotzki baut rote Armee auf und besiegt Weißen, da Bauern Land nicht abgeben wollten und zu Roten hielten.
- **Nach Ende des Bürgerkrieges** Aufstände gegen Kriegskommunismus.
  => *Bolschewiki wechseln Kurs.*
- **Kulturrevolution** mit großer internationaler Beachtung in Russland.
- Malerei, Bildhauerei, Theater, Film, Literatur und Dichtkunst wurden weiterentwickelt.
- Künstler stellten Arbeit in Dienst der Revolution.
- Internationale Expressionisten reisen nach Russland.
- 2/3 der russischen Bevölkerung konnte nicht lesen und sollte vom Staat alphabetisiert werden.
  - → **Dies sollte Industrie vorantreiben.**
- **5. Januar 1919 DAP (später NSDAP) gegründet.**
- **5. - 12. Januar 1919 Spartakusaufstand.**

- Arbeiteraufstand veranlasst Spartakusbund gegen neue Demokratie durchzugreifen.
- Fragmente der Reichswehr und Bewaffnete schlagen Aufstand nieder.
- => **Ende der Novemberrevolution.**
- **15. Januar 1919** Rosa Luxemburg und Liebknecht werden ermordet.
- **19. Januar 1919 Verfassungsgebende Versammlung** vom Reichskongress in Deutschland **gewählt.**
- Nationalversammlung trat wegen lokalen Unruhen in Weimar zusammen und wählte Sozialisten Ebert zum **Reichspräsidenten.**
  - **Kanzler** wird Scheidemann (MSPD), welcher von Regierungskoalition Zentrum, MSPD und DDP ausgewählt und von Ebert ernannt wurde.
  - => **Weimarer Koalition vertritt ehemalige Staatsfeinde (Sozialdemokraten, Linke und Katholiken).**
- **Frauen hatten aktives und passives Wahlrecht.**
- Volk sprach sich über parlamentarische Demokratie aus.

Ergebnis der Wahlen

MSPD	Zentrum	DDP	DVP	USPD
37,90%	**19,70%**	**18,50%**	**4,40%**	**10,30%**

- **März 1919** Unzufriedenheit über Ausgang der Wahlen veranlasst KPD und USPD zu Aufständen in deutschen Großstädten.
  - o MSPD unterdrückte Aufstand mit regierungstreuen Truppen und rechtsradikalen Freiwilligen.
  - => **Spaltung der Sozialisten wird vertieft.**
- **März 1919** Kommunistische Parteien in Moskau zusammengekommen um **Oktoberrevolution** als Beginn der sozialistischen Weltrevolution und Sowjetunion als „*Wiege des Kommunismus"* zu unterstützen.
- **28. Juni 1919 Versailler Vertrag unter Protest von Deutschland unterzeichnet.**
  - o **Art. 42:** Im Rheinland keine Befestigungen beibehalten oder angelegt werden.
  - o **Art. 80:** Deutschland muss Unabhängigkeit Österreichs in jetzigen Grenzen anerkennen.
  - o **Art. 81:** Deutschland erkennt vollständige Unabhängigkeit der Tschechoslowakei an.
  - o **Art. 160:** Spätestens am **31. März 1920** darf Größe der Reichswehr nicht mehr als 100.000 Mann betragen.
- **Versailler Friedensvertrag.**
  - o Sicherte Ziele der Ententemächte, stand aber hinter 14 Punkte Vertrag.
  - o Freiheit der Weltwirtschaft, Industrialisierung der Politik und Selbstbestimmungsrecht der Völker.
  - o Besetzung des rohstoffreichen Rheinlandes durch Frankreich, entmilitarisierte und neutrale Zone zum Schutz Frankreichs.
  - o Volksabstimmungen über nationale Zugehörigkeit in Ostpreußen, Südschleswig, Saargebiet, Oberschlesien; Rest von Österreich durfte nicht an Deutschland angliedern.
  - o Grenzzone wurde innerhalb Deutschlands aufgestellt, wo keine Neubefestigungen gebaut werden durften.
  - o Deutschland musste sehr hohe Reparationen zahlen, Rüstungsbeschränkungen erlassen (100.000 Reichswehr, Einsatzerlaubnis von Alliierten einholen, allgemeine Wehrpflicht abgeschafft, U-Boote, Luftwaffe, Kriegsflotte und schwere Waffen verboten).
  - o Demontagen von Befestigungen und Industrie.
  - o Deutschland musste **alleinige Kriegsschuld** tragen.
    - => Kriegsschuldartikel traf deutsches Selbstbewusstsein und bot Nährboden für rechte Parteien.
  - o Deutschland musste Elsass-Lothringen, Posen, Westpreußen, Teile Oberschlesiens und das

Memelland abgeben, deutsche Kolonien wurden England übertragen.

- **Folgen des Versailler Vertrages.**
  - o Ostpreußen vom übrigen Reichsgebiet getrennt (Korridor).
  - o Nationalitätenproblem (Deutsche in abgetrennten Gebieten mussten sich entscheiden ins übrige Reichsgebiet umzusiedeln oder auf polnischem o.a. Staatsgebiet zu leben).
  - o Wirtschaftliche Verluste (z.b. Gebietsabtretungen mit wichtigen Industrien (Kohle), landwirtschaftliche Gebiete).
    - ▪ Schwierige finanzielle Lage, Schulden wegen Reparation, Umstellung der Wirtschaft gelang nicht, um Versorgung der Menschen zu gewährleisten (Armut, Hunger), hohe Arbeitslosigkeit.
  - o Kultureller und politischer Bruch durch Ende der Monarchie (Desorientierung).
  - o Deutschland verliert Verteidigungsfähigkeit; Entlassung von Angehörigen des Militärs.
    => Bildung von Freicorps, Einschränkung der Souveränität.
  - o Bewertung des **Versailler Vertrages** als **Schmachfrieden** hat Weimarer Republik stark belastet und Gesellschaft gespalten.
  - o Revidierung des **Versailler Vertrages** blieb großes Ziel, sodass sich Politik darauf konzentrierte und Status quo weder akzeptierte noch ausreichend konstruktiv nutzen konnte.
- **Versailler Vertrag** und Folgen waren große Belastung für junge Republik.
  - o Gebietsabtretungen, Entwaffnung und Reparationszahlungen wurden von Zeitgenossen als hohe Strafe/Bürde aufgefasst, alleinige Kriegsschuld an Deutschland abzugeben wurde als demütigend empfunden.
    => Versailler Vertrag nur angenommen unter Androhung von Gewalt und Zerstörung der territorialen Einheit.
- Versailler Vertrag als **„Schmachfrieden"** und Unterzeichner als **„Vaterlandsverräter"** bezeichnet.
- **„Dolchstoß" - Legende:** deutsche Armee im Feld ungeschlagen gewesen, doch in Heimat ist Armee in den Rücken gefallen worden (= **Novemberverbrecher**).
  - o „Dolchstoß" - Legende verbreitete sich schnell, da zensierte Presse Volk immer auf Sieg vorbereitet hatte.
  - o Überdeckte politisches und militärisches Versagen des Kaiserreiches und machte Novemberverbrecher und Demokratie zu Verantwortlichen der Missstände.
    => Traf Zeitgeist und schadete Akzeptanz der jungen Republik.

Reparationspolitik

Revisionspolitik.

Deutschland will Reparationskosten möglichst gering halten, die Westmächte wollen Entschädigung für den Krieg, Frankreich will eine dauerhafte Schwächung der deutschen Wirtschaft.

⇒ Internationales Problem der Reparation wird national angegangen.

16. April 1922 Vertrag von Rapallo.
Deutschland bricht (nicht das einzige mal) mit dem Versailler Vertrag.

Erfüllungspolitik.

Ab Januar 1921 nach Festsetzung der Gesamtschuld Deutschlands. Reparationszahlungen sollten genau erfüllt werden, damit Wirtschaftskrisen die Siegermächte zur Milde anregen.
→ **Herbst 1923 Inflation** setzt ein.
→ **16. November 1923 Währungsreform.**

1924 Dawesplan.
- Aufschub und Anleihe gewährt.
- Gesamtschuld herabgesetzt.
- Reichseinnahmen verpfändet.
- Industrie mit Schulden belastet.
- Ausländische Kontrollinstanzen überwachen die deutsche Wirtschaft.

21. August 1929 Young - Plan.
- Ratenpause bis 1932.
- Schulden bis 1988 abzubauen.

Verzichtspolitik.

Vor allem am **16. Oktober 1925** bei der **Locarno Konferenz.**
- Westgrenze Deutschlands akzeptiert.
- Nichtangriffspakt mit England, Frankreich und Belgien geschlossen.
- Rheinland bleibt dauerhaft entmilitarisiert.
- Völkerbund hat das Recht jeden Streitfall zu klären.
- *„Friedenspräsenzstärke"* der deutschen Wehrmacht wird akzeptiert.
⇒ Bevölkerung kritisiert Stresemannregierung, dass Niederlage einfach hingenommen wird.

Deflationspolitik.

29. März 1930 „Brüning Plan."
- Strikte Sparpolitik, damit eine Wirtschaftskrise die Staatspleite herbeiführt.
- Soll Reparationsforderungen und Young Plan endgültig beenden.
- Steuererhöhungen, Krisensteuer eingeführt.
- Löhne, Gehälter und Unterstützungen wurden drastisch gekürzt.
⇒ **Juli 1931 mehrere Bankenzusammenbrüche.**
⇒ **1932 Reparationskonferenz** in Lausanne.
Aufschub der Reparationsforderungen gewährt.

Vergleich Paulskirchenverfassung 1848, Reichsverfassung 1871 sowie Weimarer Verfassung 1919

	Paulskirchenverfassung 1848	Reichsverfassung 1871	Weimarer Verfassung 1919
Gewaltenteilung	Exekutive: Kaiser Leg: Reichstag aus Volkshaus und Staatenhaus Judikative: Reichsgericht	Exekutive: Kaiser Legislative: Reichstag und Bundesrat Judikative: Einzelne Gerichte in Staaten	Exekutive: Reichspräsident Leg: Reichstag und Reichsrat Judikative: Reichsgericht
Staatsoberhaupt	Erblicher Kaiser Oberbefehlshaber der Truppen Suspensives Vetorecht Ernennt die Regierung	Erblicher Kaiser Oberbefehlshaber der Truppen Suspensives Vetorecht Ernennt die Regierung und einzelne Richter Auf seinen Antrag kommt Bundesrat/Reichstag zusammen, wird aufgelöst.	Auf 7 Jahre gewählter Reichspräsident Oberbefehlshaber der Truppen Kann Grundrechte aufheben und darf Gewalt bei Bedrohung einsetzen Ernennt und entlässt Reichstag, Kanzler und Richter
Regierung	Minister, die Legislative Rechtschaffenheit schulden.	Reichskanzler ernennt Staatssekretäre.	Reichskanzler ernennt Reichsminister
Grundrechtekatalog	Verfassungsgrundlage	Keine Vorhanden	Vorhanden, mit liberalen Freiheits- und sozialen Grundrechten
Wahlrecht	Allgemeines Männerwahlrecht	Im Reich: Allgemeines Männerwahlrecht In Preußen: Dreiklassenwahlsystem (Timokratie)	Allgemeines Wahlrecht
Wahlsystem	Indirekt	Indirekt	Indirekt, aber Volksentscheide und -begehren möglich
Staatsaufbau	Föderalistisch	Föderalistisch	Föderalistisch
Kontrolle der Regierung	Legislative (Reichstag) kontrolliert Regierung (Kaiser)	Durch vom Kaiser ernannten Reichskanzler	2/3 Mehrheit eines Volksbegehrens kann Präsident absetzen

- **Ende Juli 1919 Verfassung verabschiedet.**
- Artikel 1: *„Deutschland ist eine Republik, alle Macht kommt vom Volk."*
- **Auszug aus der Weimarer Verfassung (68)**
- Artikel 25
  Präsident darf Reichstag auflösen, aber nicht aus demselben Grund zweimal. muss in spätestens 60 Tagen Neuwahlen abhalten.
- Artikel 48
  Wenn (Bundes-)Land seinen Pflichten nicht nachkommt, darf Präsident mit Waffengewalt dazu zwingen.
  Wenn Sicherheit und Ordnung in Gefahr sind, darf Präsident diese mit allen Mitteln wiederherstellen, dafür erlaubt 7 Artikel der Grundrechte außer Kraft setzen.
  Präsident muss Reichstag über seine Aktivitäten informieren, welcher Taten des Präsidenten aufheben kann → Genaueres sollte ein Gesetz regeln, welches nie in Kraft trat.
- Artikel 54
  Kanzler und Präsident müssen Vertrauen des Reichstages haben, sonst werden sie entlassen.
  → Reichstag und Reichspräsident direkt vom Volk gewählt, auch weitere Elemente der direkten Demokratie eingeführt.
- Artikel 109
  Aufhebung aller Standesunterschiede.
- **Weimarer Verfassung** setzte Vertrauen des Volkes in Regierung zur Ausübung ihres Amtes voraus.
  - Präsident für 7 Jahre gewählt und durch **viele Vollmachten** zum **Ersatzkaiser** gemacht.
  - Resultiert aus Aufständen und zeigt Misstrauen der Verfassungsautoren gegenüber Demokratie.
    - In Autoren ist obrigkeitsstaatliche Denken verwurzelt.
  - Parteien nicht kompromissbereit und unfähig Verantwortung für Staatsangelegenheiten zu übernehmen.
- **Weimarer Verfassung** besitzt heftig diskutierten Grundrechtekatalog, da alle Bevölkerungsgruppen eigene Interessen darin vertreten haben wollten.
  → Enthält liberale Freiheitsrechte und soziale Grundrechte (Jugend- und Mutterschutz).
- **11. August 1919 Weimarer Verfassung tritt in Kraft.**
- War System politischer und sozialer Kompromisse und entsprach gesellschaftlichen Verhältnissen.

Positives an Weimarer Verfassung	Problematisches an Weimarer Verfassung
Frauen haben aktives und passives Wahlrecht (Vorreiterrolle Deutschlands). **Grundrechtekatalog.** **Volkssouveränität,** republikanische Verfassung. Wahl des Reichstages und des Präsidenten durch Volk. Elemente direkter Demokratie, wie z.B. **Volksentscheide** und **Volksbegehren.** Regierung braucht Vertrauen des Reichstages.	**Präsidialkabinett,** Präsident hat Recht Reichstag aufzulösen (Art.25). Präsident kann Grundrechte ohne Zustimmung des Reichstages außer Kraft setzen (Art. 48). „Wahrung des öffentlichen Friedens" sehr schwach formuliert, da Präsident eigene Interessen wahren kann (Art. 48). Präsident bestimmt Einsatz des Militärs; ist Oberbefehlshaber der Armee. => **„Ersatzkaiser"** Vertrauen des Reichstags für Reichskanzler /-minister nicht konstruktiv (wie heute (Art.54)). Amtszeit des Präsidenten 7 Jahren. Alte Eliten verbleiben in hohen Ämtern (Beamte in

	Verwaltung, Justiz, Polizei, Lehrer) („Justiz ist auf rechten Auge blind!"). **Verhältniswahlrecht**: Zersplitterung, Schwierigkeit bei der Koalitionsbildung (keine Fünfprozenthürde).

=> Amt des Präsidenten wurde auf Ebert zugeschnitten; war Demokrat, darum viel Vertrauen in ihn.

=> Hindenburg nutzte Machtposition aus.

=> Fand keine Zustimmung im Volk, da entweder zu weitgehend oder zu lasch sei.

- Vorrechte der Machteliten in Demokratie verloren gegangen, Beamte aber nicht entlassen worden.
- Armee wurde dezimiert, aber mit alten Machtstrukturen erhalten geblieben.
- Handeln der Regierung beschränkt sich auf Angst vor russischen Zuständen.
- Demokratische Überzeugung enttäuscht viele Anhänger.
  - Radikalisierung und Beitritt der KPD / USPD.
  - Resignation der Anderen.
- **1919** Gleichberechtigung der Frauen in Bildung, Arbeit und Politik.
- **1919** Gründung des internationalen Gerichtshofes.
- **1919** Faschistische Partei in Italien kaum Wahlerfolge.
- **1919** Italienischer Dichter und Abenteurer stellt Heer aus Deserteuren zusammen und besetzt Hafenstadt in Kroatien.
- Italienischer Regierung zur Annexion angeboten.
  - Premierminister lehnte ab und nannte ihn verrückt, um keinen Krieg zu riskieren.
- Dichter hielt Stadt 1,5 Jahre lang.
  - → Landsleute feierten Dichter, da Stolz und Ehre der Nation wiederherstellen wollte.
- Strukturelle Probleme in Italien sind schwerwiegend.
- Veteranen sind arbeitslos, Streiks und Fabrikbesetzungen lähmen Produktion, Landbevölkerung will Bodenreform und bekämpft Großherren.
  => Kriegsende hatte höchst explosive Mischung aus enttäuschten Erwartungen gebildet, welche zu Unruhen, Aufständen und Gewalt führten.
- Demokratische Parteien in Italien konnten keine stabile Regierung schaffen.
- Bekenntnis zu realistischer Politik und Anerkennung der Friedensverträge als Schwäche angesehen.
- Mussolini gründet Kampfbund in wirrer und unsicherer Nachkriegszeit.
- Symbol der Fasces (Rutenbündel und Beil = Zeichen der Amts- und Gerichtsgewalt im antiken Rom), nannten Bundsmitglieder **Fascist**.
- Eigentlich war Mussolini Sozialist, warf Bündnisgenossen Verrat vor und entwickelte Hass.
- Anfangs waren Mussolinis Milizen ehemalige, nun arbeitslose Frontsoldaten.
- Deren Weltbild war es, dass Diskussionen, Demokratie und Wahlen Zeichen der Schwäche seien und nur Disziplin und Befehle gelten.
  - Gegen Feinde ist vorzugehen, Gewalt ist legitim, sich für Freunde opfern wenn nötig.
  → **Schwarz-weiß-Bild ersetzte differenzierte Urteilsbildung.**
- **1919 Politische Schrift des Industriellen, Wirtschaftspolitiker und Publizist Rathenau (85/M7).**
- Deutsche Revolution ist Enttäuschung, sollte bürgerliche Revolution wie 1848 werden.
- Volk kann mit neugewonnener Freiheit nicht umgehen, nur jene, die ihren eigenen Vorteil erkennen und nutzen wollen.
  - Revolution war vom Militär aufgezwungen, kam nicht vom Volke aus.
  => Ernennung Eberts zum Reichspräsidenten traf SPD unvorbereitet.

- Generalstreiks als Revolution, Einberufung einer Versuchsarmee als Gegenrevolution bezeichnet.
- Volk bleibt abseits der Politik, wählt bürgerliches Kabinett.
  - Bürgerliche Gesellschaft sollte sich aktiver beteiligen.
- Arbeiter lassen sich von bürgerlicher Sozialdemokratie leiten, welche von Extremisten zum Bolschewismus getrieben wird.
  - Regierung geht dagegen vor, verliert Rechtsextreme aus den Augen.
  => Revolution ist kein Produkt des Willens, sondern des Widerwillens.
- Revolution hat aber kritischen Geist geweckt und gezeigt, dass mehrere Lösungen richtig sein können.
- Weil äußere Revolution vor innerer stattfand, gibt es nun Interessenskonflikte.
  - Liberale Mitte will Reichtum und Besitz schützen.
  - Konservative romantisieren alte Zeiten.
  - Linke radikalisieren sich und fordern sozialistische Revolution.
  => Kritik an Kompromisslosigkeit des Volkes.
- Bürgerliches Parlament steht vor unversöhnlichen Gegensätzen, rüstet durch Entkernung und Entgeistung seiner Aufgaben indirekt Gegenrevolution.
- Gefahr liegt darin, dass kriegstraumatisiertes Volk sich nach Sozialismus sehnt.
- Sozialistische Extremisten schmeicheln Volk mit unhaltbaren Versprechen, aber nicht eigener Willen, von Sowjetunion aufgezwungen.
- Während diesen Interessenskonflikten verkommt das Land.
  - Wille, Arbeitskraft, Vertrauen, Respekt und Zuversicht schwinden.
  - Arbeitsmaterial, Häuser, Werte und Vieh verderben; Spekulation, Spiel, Bestechung, Genusssucht und Müßiggang kommen auf.
  => Wenn sich nichts ändert, wird Land bald **entschlossenen Führer der Gegenrevolution** gehorchen.
- **Ende Dezember 1919** Aus **Spartakusbund** entwickelt sich KPD.
- **13. März 1920 Kapp-Lüttwitz-Putsch.**
- Hoher ostpreußischer Verwaltungsbeamte Kapp und Kommandeur ostelbischer Reichswehrverbände Lüttwitz planen Regierungsputsch.
- Putschisten konnten auf Unterstützung von Freikorps und Reichswehr setzten, da Versailler Vertrag deren Dezimierung vorsah.
- Putschisten besetzen Regierungsviertel und rufen Kapp zum Kanzler aus.
- Folge waren **Generalstreiks** der Arbeiter und **Befehlsverweigerung** der Ministralbürokratie.
- **1920 Ruhraufstand.**
- Arbeiter bekämpfen Putschisten, setzen sich dann für Diktatur des Proletariats ein.
  → Nach *Kapp-Lüttwitz-Putsch* lässt Regierung streikende Arbeiter niedermetzeln.
  => *Kapp-Putsch* und *Ruhraufstand* zeigen rechte und linke Gefährdung der Republik und schwachen Rückhalt in Armee und Bürokratie.
- **6. Juni 1920** Reichstagswahlen machen Staat zur „Republik ohne Republikaner".
- Zeigt, dass Ansehen der Demokratie durch **1919/20** Ereignisse geschwächt wurde.
- SPD verlor 47% der Wähler und nicht mehr an Regierungsbildung zu beteiligen gewollt.
- **Minderheitskabinett** aus Zentrum, DDP und DVP kam zusammen.
  → Häufig rechte oder linke Minderheitskabinette entstanden.
- Innen- und Außenpolitik behandelt Problem der **Reparationsfrage**.
- Internationales Problem wurde individuell angegangen, man wollte eigene Interessen durchsetzen.
  - Deutschland wollte Reparationszahlungen möglichst gering halten.

- Siegerstaaten wollten Entschädigung für Kriegskosten, unabhängig von Stärke der deutschen Volkswirtschaft.
  - Frankreich will dauerhafte Schädigung der deutschen Wirtschaft, welche ihrer Meinung nach nicht ausreichend im Versailler Vertrag behandelt wurde.
  → Reparationsfrage besteht aus unüberbrückbaren Interessensunterschieden zwischen Deutschland und Siegermächten.
- **Die „goldenen Zwanziger".**
- Spaltung nicht nur in Wirtschaft, sondern auch in Kultur auffindbar.
  - In Berlin und Großstädten entfalteten sich zukunftsweisende Leistungen in Literatur, Theater, Film, Musik, Malerei, Design und Architektur.
  - Massenkultur mit Illustrierten, Wochenzeitungen, Rundfunk und Film entstand.
  - Neues Lebensgefühl stellt alte Normen und Verhaltensmuster in Frage und geht freier mit Lebensgestaltung um.
- Neue Ausdrucksformen prägen Weimarer Zeit, werden aber nicht vom gesamten Volk akzeptiert.
- Konservative bekämpfen dekadente und entartete Moderne.
  - Sichtbar in Auflage von Heimat- und Kriegsromanen.
- **1920er Jahre** Italienischer Faschismus erregt Aufmerksamkeit und zieht Massen an.
- Hitler nahm sich Mussolini zum Vorbild und bewunderte ihn.
- Nach Erstem Weltkrieg entstanden viele rechte Parteien nach Vorbild von Mussolini.
- Als Deutschland im Zweiten Weltkrieg europäische Gebiete besetzt, mit anderen rechten Parteien zusammengearbeitet, teils aus erhofften Vorteilen, teils aus Sympathie zum politischen System.
  => Mehrheit der Europäer blieb skeptisch und bekämpft Faschismus.
- Spanien, Ungarn, Portugal und Rumänien hatten bereits vor Zweiten Weltkrieg Diktaturen.
  => Trotz nationaler Unterschiede blieb Faschismus ernstzunehmende Alternative zum Kapitalismus und Sozialismus.
- **1920** 23 Millionen Autos fahren auf amerikanischen Straßen.
- Niedrige Preise durch Fließbandproduktion und Akkordarbeit.
- **1920er** Aufbruchstimmung in USA führte zu neuer Unterhaltungs- und Freizeitkultur.
- Radio-, Film- und Schallplattenindustrie erlebten Durchbruch.
- **1920** Gründung des Völkerbundes.
- Befugnisse bleiben begrenzt und konnten nationalistische Tendenzen nicht verhindern.
- **1920 Schwarzhemden** (Stoßtruppen der Fasci) verbreiteten Terror durch Folter und Mord in Italien.
- **1920** Rechtsradikale versammeln sich in völkischen Zirkeln und Geheimbünden.
- Serie von Attentaten prägen politisches Klima in Weimarer Republik.
- **Im Januar 1921** Gesamtschuld Deutschlands auf 226 Milliarden Goldmark festgelegt, aber auf 132 Milliarden Goldmark herabgesetzt, welches in jährlichen Raten zu zahlen war.
- Nach Regierungskrisen setzten sich Vertreter der **Erfüllungspolitik** durch.
- Wollten Reparationszahlungen genau erfüllen und dadurch Wirtschaftskrisen einleiten, welche Siegermächte zur Milde zwingen sollten.
- Siegermächte (besonders Frankreich) glaubten nicht an Durchführung.
- Als Vernachlässigung deutscher Interessen angesehen und Repräsentanten als Helfer der Alliierten bezeichnet.
- **März 1921** KPD's Putschversuch wird binnen weniger Tage von preußischer Polizei niedergeschlagen.
- **26. August 1921** Erzberger wird von Rechtsextremen ermordet.

- **1. September 1921** Insgesamt 726 Parteisitze der Sozialisten verwüstet, 166 Tote und 500 Verletzte durch staatlichen Terror in Italien.
- **1921** Fraktionsverbot verhindert Organisation der innerparteilichen Opposition in Italien.
- Stalin vertrieb seinen gefährlichsten Gegner Trotzki.
- **1921** USPD löst sich auf; Mitglieder treten KPD bzw. MSPD bei.
- **1921 – 1928 NEP** (Neue ökonomische Politik) ließ privaten Wirtschaftssektor zu.
- Darunter 20 – 25 Millionen Bauernwirtschaften, Kleinbetriebe (Produktion für täglichen Bedarf) und Händler (Organisation des Austausches zwischen Land und Stadt).
- Kommandohöhen (Großindustrie, Banken, Verkehrswesen, Außenhandel und gesamtwirtschaftliche Planung) vom Staat verwaltet.
  => Bolschewiki stellten Politik auf Bauernland ein, da Industrieproletariat noch klein war.
- Staat wollte Entwicklung und Industrialisierung des Landes mit oberster politischer Priorität durchsetzen.
- Durch **NEP** gelang es sich schnell vom Krieg und Wirtschaftskrisen zu erholen.
- UdSSR genauso isoliert wie Deutschland.
- Anfangs bekämpft worden, nun politisch gemieden.
- **April 1922 Internationale Wirtschaftskonferenz in Genua.**
- **16. April 1922 Vertrag von Rapallo** zwischen Russland und Deutschland.
- Wirtschaftliche Interessen und Rivalitäten gegenüber neuem Polen verbinden beide Nationen.
- Frankreich und Siegermächte sind gegen Annäherung beider Staaten, darum so attraktiv.
- International geächtete Staaten Deutschland und Russland verzichten auf wechselseitige Entschädigungsansprüche und intensivieren Wirtschaftsbeziehungen.
  → Verhältnis entspannt sich.
- Geheime militärische Kooperation zusätzlich vereinbart.
  - In Russland werden deutsche Soldaten an Panzern und Flugzeugen ausgebildet.
    → **Gegen Versailler Vertrag.**
- Zeigt Bereitschaft Versailler Vertrag zu brechen.
  => Westen fasst Vertrag als Bedrohung auf.
  => Westen öffnet Deutschland Tür, um Annäherung an Russland zu unterbinden.
- **24. Juli 1922** Rathenau wird von Rechtsextremen ermordet.
- **1922** Stalin wird Generalsekretär der Bolschewiki und baut breite Machtbasis durch Ausschalten seiner Gegner auf.
- **1922** Faschistische Partei in Italien stärkste politische Kraft.
- Erfolg mit doppelseitiger Strategie Mussolinis erklärbar.
  - 1. Mussolini propagiert bürgerkriegsähnliche Zustände durch Schwarzhemden.
    - Bot sich als Bündnispartner für Bürgertum und Konservative an um gemeinsam für Stabilität und Ordnung zu sorgen.
      - Lobte im Parlament den Kapitalismus und forderte staatliche Zurückhaltung (Wirtschaftsliberalismus im Interesse der Bürger).
      - Betonte Ablehnung der Sozialisten, welche Bürger als Bedrohung empfanden.
    - 2. Unterstützte Königtum und pries Katholizismus an.
- **Oktober 1922** Mussolini besitzt nur 6% der Parlamentssitze, befehligt aber 40.000 Mann.
- **Marsch auf Rom** soll Macht und Herrschaftsanspruch verdeutlichen.
  => Bankiers, Großgrundbesitzer und Industrielle beten König Mussolini mit Regierungsbildung zu beauftragen.
- **Marsch auf Rom** inspiriert Hitler zum **Marsch auf Berlin.**
  => Mussolini regiert 20 Jahre als Duce in Italien.
- **Mussolini war erster faschistischer Diktator Europas.**

- Mussolini betreibt Politik der harten Hand um Konkurrenz zu beseitigen und starke Gesellschaft mit einheitlichem Interesse zu formen.
- Umwirbt Bürgertum und Konservative, verfolgt Opposition.
- **Bis 1922/23** herrschte Expressionismus, lehnte bürgerliche Welt ab und war experimentierfreudig.
- **Neue Sachlichkeit** löst Expressionismus ab.
  - Nüchterne Auseinandersetzung mit Wirklichkeit des Alltags.
  - **=> Weimarer Stil.**
- **Januar – September 1923 Ruhrkampf.**
- **11. Januar 1923** Frankreich besetzt Ruhrgebiet.
- Deutschland gerät leicht mit Reparation in Verzug, Frankreich und Belgien besetzen Ruhrgebiet.
  - Sollte produktives Pfand für Reparationszahlungen sein.
  - Teilweise auch wegen russisch-deutschen Handelsbeziehungen, welche deutsche Wirtschaft erstarken ließ.
- Cunoregierung stoppt Reparationszahlungen und ruft zum passiven Widerstand und Generalstreiks gegen französische Besatzung aus.
  - Frankreich verhängt **Belagerungszustand** und **Kleinkrieg** mit rechtsradikalen Wehrverbänden brach aus.
  - Einreise französischer Beamter, Zölle erhoben und Militär gegen Arbeitsverweigerer eingesetzt.
- Deutsche Bevölkerung verübt Sabotage, Frankreich lässt **Schlageters** hinrichten.
  - → **Erster Märtyrer.**
- Passiver Widerstand im Ruhrgebiet kann nicht lange durchzuhalten.
  - Staat unterstützt Millionenbevölkerung mit Geld- und Sachleistungen im Wert von 40 Millionen Goldmark täglich.
- **26. September 1923 Regierung Stresemann bricht Ruhrkampf ab.**
- Widerstandskosten, Reparationszahlung und Kriegskosten zerrütten deutsche Währung endgültig.
- **Herbst 1923 Galoppierende Inflation setzt ein.**
- Industrielle Erzeugung sinkt, Arbeitslosenzahl steigt.
- Löhne und Gehälter konnten mit Inflation nicht mithalten.
- Bauern und Händler weigerten sich Waren gegen wertloses Geld einzutauschen.
  - → Hungerunruhen und Lebensmittelgeschäftsplünderungen setzten ein.
  - => Staat wird für Elend verantwortlich gemacht.
- Wirtschafts- und Währungschaos führt zu neuen Putschversuchen.
- Linke beschweren sich über wirtschaftliche Zerrüttung und soziale Folgen.
- Rechte lehnen sich gegen Beendigung des Ruhrkampfes auf.
- **1. Oktober 1923 Putschversuch der schwarzen Reichswehr.**
- Indirekt von der Reichswehr unterstützte Truppe von Freikorps und Republikgegnern.
  - Übernimmt Schutzaufgaben an deutsch-polnischen Grenze.
  - => Putschversuch scheiterte, da Reichswehr Unterstützung vorenthielt.
- **23. Oktober 1923 Kommunistischer Putschversuch in Hamburg** von Reichswehr niedergeschlagen.
- Aus wirtschaftlichen Gründen entstehen **separatistische Tendenzen** im Rheinland und der Pfalz, welche von Frankreich gefördert werden.
- **Oktober 1923** Rheinische Republik und Autonome Pfalz gegründet.
- Nach Kapp-Putsch bildete sich in Bayern **stramme rechte Regierung.**

- Wurde vom Gefolge Ludendorffs und Hitlers zur „nationalen Erhebung" gedrängt.
- Generäle von Lossow und von Seeckt unterstellen Reichswehrdivisionen Bayrischer Regierung.
- **8. November 1923** Hitler verschafft sich mittels Schuss an Decke Gehör, ruft zur **nationalen Revolution** auf.
- **9. November 1923 Hitler-Ludendorff-Putsch.**
- Riefen Gegenregierung aus, Regierungsmitglieder wendeten sich vom Putsch ab.
- **9. November 1923** Zug Hitlers und Gefolges durch München endete durch Polizeibeschuss.
- 16 Menschen werden erschossen → **Gelten als Märtyrer.**
- Zusammenbruch der nationalen Revolution.
- Rechte Justiz spricht Ludendorff frei und verurteilt Hitler zu 5 Jahren Gefängnis.
  => Hitler wurde nicht ausgewiesen, obwohl er keinen deutschen Pass besaß.
- **16. November 1923 Währungsreform** stabilisiert Wirtschaft und beruhigt Situation.
- 1 Rentenmark für 1 Mrd. Reichsmark eingeführt.
- **23. November 1923** Stresemannregierung bricht zusammen.
- Hat mit Währungspolitik und Ende des Ruhrkampfes Großes geleistet.
- **November 1923 Rheinische Republik** scheitert am Widerstand der Bevölkerung.
- **1923** bilden USPD + KPD in Thüringen und Sachsen eine **„Einheitsfront"- Regierung** gegen rechte Putschversuche.
- Von Moskau aus angewiesen, sozialistische Revolution vorzubereiten.
- **Reichsexekution** Regierung lässt Reichswehr alle kommunistischen Aufständischen in Sachsen niedermetzeln und erstickt Putschversuch im Keim.
- **1923** Erste öffentliche Professorin eingestellt, Ärzteberuf wird immer wichtiger für Frauen.
- In Industriestädten verdrängten Kleinfamilien die Großfamilie, Heirat aus Liebe bekam mehr Einfluss und Gedanken über Geburtenkontrolle gemacht.
- **1923** Italien unter Mussolini besetzt Korfu.
- Stresemann sorgt für Aufbau diplomatischer Beziehungen zu Siegermächten und Integration Deutschlands, trotz hoher Inflation und Ruhrkampf.
- War nationalistisch orientiert und strebte Revision des Versailler Vertrages durch wirtschaftliche und friedliche Mittel an, wollte Reparationszahlungen mildern, Ruhrgebiet räumen und Grenzverlauf Polens ändern.
- **Februar 1924 Autonome Pfalz** zerbricht wegen Protesten in Bevölkerung.
- **5. März 1924 Breitscheid (SPD) vorm Reichstag über Hitlerverurteilung (M11.2).**
- Reichskommissar von Kahr sollte auch angeklagt werden.
  - Ist ebenso rechtsgerichtet wie Hitler und Ludendorff, hat sich nur geschickt angestellt, nicht angeklagt zu werden.
- Von Kahr hat sich durch Angst überzeugen lassen, übernahm Hitlers Pläne obwohl er für Ordnung sorgen sollte.
- Verurteilt Bayrische Regierung genauso wie Hitler und von Kahr.
  => Ironische Wortwahl.
  => Viele Abgeordnete im Reichstag halten Hitler-Ludendorff-Putsch für richtig.
- **1. April 1924 Urteilsbegründung Hitlers Prozess (M10.2).**
- Angeklagte wurden von vaterländischem Geiste und selbstlosem Willen geleitet.
- Mitläufer von Führern und Vertrauensmännern beeinflusst worden.
- Putschisten glaubten Regierung retten zu müssen.
  - Rechtfertigt Handlung nicht, macht es aber nachvollziehbar.
  => Kontrast zu linken Putschversuchen, welche sehr hart bestraft wurden.

- **Dezember 1924** Hitler wird nach 9 Monaten Festungshaft begnadigt.
- Schrieb im Gefängnis: **Mein Kampf!** Mit antisemitischem, antibolschewistischem und rassistischem Inhalt.
  - Fand bei Konservativen, Republikgegnern, Arbeitslosen und Veteranen Anklang.
  => Hitler versprach allen, was sie hören wollten.
- **1924 Dawesplan.**
- Siegerstaaten streben ebenfalls Lockerung des Versailler Vertrages an.
  → Erstmals wurde Reparationsfrage von internationalen Expertenkommission bearbeitet.
- Reparationszahlungen in realistische Grenzen gesetzt.
- Deutschland solle seine Wirtschaft stärken, um Reparationszahlungen leisten zu können.
  → Anleihe über 800 Mio. gewährt.
- Jährliche Summe von 1 Mrd. soll sich zu 2,5 Mrd. entwickeln; Gesamtsumme nicht festgelegt.
  - Als Garantie wurden Reichseinnahmen verpfändet und Industrie mit Schulden belastet.
- Frankreich und Belgien sichern Räumung des Ruhrgebietes zu.
  → Wirtschaft kann sich besser erholen.
- Ausländische Kontrollinstanzen sollen deutsche Wirtschaft überprüfen.
  => Erträgliche Lösung für Deutschland.
- **1924 Tod Lenins.**
- Streit um Nachfolge, da Frage entstand ob es möglich sei, Sozialismus in Bauernland aufzubauen und ob Industrialisierung forciert werden müsse, um Einfluss der Privatwirtschaft zu verringern.
  => Stalin wollte beides durchsetzen.
- **1924 Matteotti Krise.**
- Bei italienischen Wahlen stehen faschistische und liberale Kandidaten auf Einheitsliste, Schwarzhemden verfolgen Sozialisten.
- Sozialistenführer Matteotti stellt Gültigkeit der Wahlen in Frage und wird ermordet.
  - Aufregung in Bevölkerung, Opposition eingeschüchtert, weshalb König Mussolini nicht einschränkt.
  - Stabilität von Mussolini versprochen, aber noch nicht eingehalten.
- Mussolini ist arrogant und gewaltbereit.
- Matteotti – Krise hat Mussolini im Verhalten bestätigt und Opposition beschädigt.
- Mussolini hebt schrittweise Meinungs- und Pressefreiheit auf, Sondereinrichtungen der Polizei und Justiz überwachen öffentliches und privates Leben.
- Politische Gegner in **Konzentrationslager** gesperrt.
- **1924/25** Arbeitslosigkeit geht zurück (8 - 10% der Bevölkerung), Durchschnittslöhne steigen kaum.
- Spaltung der Gesellschaft führte zu instabilen Regierungen.
- **1924 - 1927** bürgerliche Kabinette, teils mit, teils ohne DNVP, konnten sich außenpolitisch auf SPD stützen, innenpolitisch aber nicht.
- **1924 - 1928** sechs Koalitionen zerbrechen an geringen Problemen, zeigen Grundkonflikte der Weimarer Gesellschaft auf.
- **1924 - 1929** USA investiert 20 Milliarden Goldmark in Deutschland.
- Deutsche Wirtschaft wächst auf „Pump".
- **28. Februar 1925 Tod Eberts.**
- **März – April 1925 Reichspräsidentenwahlen.**
- SPD und DDP verzichten im 2. Wahlgang auf eigenen Kandidaten zugunsten des Zentrums.
  → Ziel: Stärkung eines demokratischen Präsidenten.
- BVP, NSDAP und DVP unterstützen Hindenburg (DNVP).

- KPD weist zu viele ideologische Gegensätze zu demokratischen Parteien auf, sodass sie nicht auf Kandidaten verzichtet.
- **26. April 1925 Hindenburg wurde zum Reichspräsidenten gewählt.**
- Erklärter Monarchist und Gegner der aktuellen Politik, ehemaliges Mitglied der OHL, Kronzeuge der Dolchstoßlegende und vom Volk als **Ersatzkaiser** empfunden.
- Politische Eliten von **1918** erhoffen konservative Politik.
  - Hindenburg übt Macht aber im Rahmen der Weimarer Verfassung aus.
- **16. Oktober 1925 Locarno Konferenz** von Stresemann einberufen.
- Deutschland akzeptierte im Versailler Vertrag festgesetzte Westgrenze.
- Belgien, Deutschland, Frankreich und England schließen **Nichtangriffspakt**.
- Rheinland soll dauerhaft entmilitarisiert bleiben.
- Verpflichtung Streitfälle mit Völkerbund zu schlichten.
  => Macht Deutschland wieder zum gleichberechtigten Partner.
- Keine Anerkennung der Ostgrenzen, weil Regierung Revision anstrebte, internationale Zurückhaltung über Ostgrenzänderung.
  - Vertrag verurteilt aber immerhin eine gewaltsame Grenzänderung.
  => Rechtsextreme prangern Locarno Vertrag als **zweiten Versailler Vertrag** an und als Ausdruck der **Erfüllungs- und Verzichtspolitik**.
- Außenpolitik Stresemanns als oberstes Ziel Revision des Versailler Vertrages, versucht dies auf friedlichem Wege mit Verhandlungen.
- **1925** Hitler beteiligt sich an straff organisierter, führerzentrierten NSDAP.
- **Seit 1925** herrscht Mussolini unangefochten, wird aber nicht von allen „vergöttert".
- Historiker behaupten, dass Mussolini nur solange anerkannt wurde, wie für Stabilität und Arbeit gesorgt.
- **24. April 1926 Berliner Vertrag** (Freundschaftserklärung) mit Russland geschlossen.
- Sichert deutsche Neutralität im Kriegsfall zu, bestätigt Bestimmungen im Rapallo Vertrag.
  => Locarno bedeutete keinen Abfall vom Rapallo.
- **8. September 1926 Deutschland wurde in Völkerbund aufgenommen.**
- Ende der moralischen und politischen Isolation.
- Zeigt Gleichberechtigung Deutschlands.
- Führt zum Abzug der Militärkommission in Deutschland und Räumung erster Zone im Rheinland.
- **Bevölkerung nimmt außenpolitische Erfolge kaum wahr und deutet sie nicht als Positives.**
- Währungsreform offenbart wirtschaftliche und soziale Kosten des Krieges, die durch Inflation überlagert wurden.
- Besitzer von Sachwaren (Grundbesitz, Festkapital) verhalf Währungsreform zur Wertsteigerung.
- Handwerker, Kleinunternehmer, Kaufleute und Freiberufler wollten Geld fürs Alter sparen und verloren alles.
- Regierung muss Beamte entlassen um **Haushalt zu sanieren**.
- Viele von Inflation profitierende Unternehmer machten Konkurs.
  => Zahl der Arbeitslosen, Verzweifelten und Republikgegnern steigt.
- **Strukturelle Ursachen** für Arbeitslosigkeit verantwortlich, machen viele Arbeitsplätze entbehrlich.
- Kaufhäuser verdrängen Einzelhandelsbetriebe, Fließbandarbeit führt zur Rationalisierung, Handwerk wird durch industrielle Fertigungsmethoden verdrängt.
- Schreibmaschinen werden zur **Frauendomäne**, verdrängen männliche Angestellte und komprimieren Arbeitsplätze.

- Babyboom führt zu mehr Arbeitern, welche keine Arbeit finden.
- => Sozialpolitik mildert unsichere Betriebslage.
- **1926 Hirohito besteigt japanischen Kaiserthron.**
- Aggressive Außenpolitik und Militärdiktatur.
- **1926** Ortsgruppennetz der NSDAP überspannt weite Teile Deutschlands.
- Verleibt sich völkische Gruppierungen ein, baut Parteigliederung für bestimmte Berufsgruppen auf z.b. SA, erfolgreich bei Studenten und Jugendlichen.
  - => Vermittelte Eindruck einer jungen, dynamischen Bewegung.
- **Bis 1928** Splitterpartei, Kampagne gegen **Young Plan** verschaffte Massenzulauf.
- Aggressive Propaganda, Hetze gegen Republik, brutale Kampfmethoden und idealisierter Führerstaat fanden Anklang in Bevölkerung.
- **1926 Flaggenstreit.**
- Lutherregierung ist sich uneinig, ob Handelsflagge des alten Kaiserreiches bei Auslandsvertretungen gehisst werden soll und zerbricht.
- **Dezember 1926 Reichswehrpolitik.**
- Marx Regierung wurde Vertrauen vom Reichstag auf Drängen der SPD entzogen.
- Reichswehr baute in Sowjetunion geheime Luftwaffe auf und stellt sich gegen Rüstungsbeschränkungen des Versailler Vertrages.
- **1927 deutsche Industrie erreicht Vorkriegsstand.**
- **1927 Arbeitslosenversicherung** eingeführt.
- Sozialpolitik unterstrich Sozialstaatsprinzip der Weimarer Verfassung, welche von Unternehmern getragen wurde.
- Nach Angst vor sozialistischen Revolution, wollten Unternehmer Ergebnisse der **Sozialpartnerschaft** wieder auflösen (8-Stunden-Tag, Lohnerhöhungen).
- Unternehmer wollten Reichstag entmachten und autoritäres Regime festigen.
- **1927** Russische Bauern behalten Getreide für sich, da staatliche Abnahmepreise sehr gering.
- Industrieprojekte in Gefahr, durch weniger Exporteinnahmen.
- Gewöhnlich ist Lage der Bauern besser als bei Städtern (z.B. keine Unterernährung), aber in Russland schlechter.
- Sowjetregierung zwingt Bauern zur Herausgabe des Getreides.
- Zusammenschluss in **Kollektivwirtschaften**, private Märkte geschlossen.
  - Weigerung führte ins Zwangsarbeiterlager, wo Millionen Menschen starben.
- **1928** Umsetzung des Leninismus warf hohe Erfolge ab und industrialisierte Sowjetunion, sodass internationale Popularität wuchs.
- **1928** Durch Konflikte um Industrialisierung und Zwangskollektivierung angetrieben, verhält sich Stalin immer mehr wie Diktator.
- **Februar 1928 Schulkonflikt.**
- Zentrum will neues Gesetz verabschieden, da Versailler Vertrag überkonfessionellen Schulen Vorrang gewährt.
  - DVP bestand auf Laizismus und Regierung zerbrach.
- => **März 1928** Präsident löst Reichstag wegen Schulkonflikt auf.
- **Mai 1928** Große Koalition unter Müller entsteht, „**Kabinett mit eingebauter Dauerkrise".**
- SPD und KPD gewinnen Stimmen; DNVP, Zentrum und bürgerliche Parteien verlieren.
- Müller (SPD) wird Kanzler, stützt sich auf SPD und DVP.
  - → Konservative Republikgegner gewinnen Mehrheit.
- Müllerregierung hat zwar formal Mehrheit, doch verfolgen Parteien in Koalition lediglich eigene Interessen.

- Bürgerliche Parteien wollen **Panzerkreuzer A** bauen, von voriger Regierung bereits beschlossen.
  - Regierung instabil, da Zentrum konservativ wird und SPD gegen Rüstungspläne ist.
- **27. August 1928 Briand-Kellogg-Pakt.**
- Verachtet Krieg als Mittel der Problemlösung.
- **August 1929** 10 Jähriges Jubiläum der Republik und Demokratie gefeiert.
- Viele Menschen versammelten sich auf Straßen und vorm Reichstag.
- **21. August 1929 Young – Plan.**
- Dawesplan erwies sich als nicht ausführbar, ausländische Kontrollinstanzen wurden aufgehoben.
- Setzte Reparationssumme herab und billigt Deutschland Ratenpause **bis 1932** zu.
- Schulden sollen **bis 1988 (59 Jahre Laufzeit)** jährlich abbezahlt werden.
- Zeitgenossen aufgebracht, da noch Enkel und Urenkel für Ersten Weltkrieg zahlen müssen.
- Young Plan aus heutiger Sicht **viele Vorteile** gebracht.
  => Spaltete bisherige Einigkeit der Parteien in deutscher Außenpolitik.
- **3. Oktober 1929 Tod Stresemanns.**
- Ende der Parteimehrheiten und Stabilität, DVP rückt ins Rechte ab.
- **16. - 29. Oktober 1929** DNVP und NSDAP organisieren **Volksbegehren gegen Young Plan.**
- Kampagne scheiterte, doch rückte DVP nach rechts.
- Innenpolitische Fragen, vor allem Sozialpolitik, von Gegensätzen der SPD und DVP gezeichnet.
- Amerikas Wirtschaft boomt wegen Umstellung von Kriegs- auf Friedensproduktion und endet in **Überproduktion.**
- Hochkonjunktur ermutigte Menschen über Verhältnissen zu leben, Kredite aufzunehmen und Aktien zu kaufen.
- **Mitte 1929** Absatzschwierigkeiten amerikanischer Wirtschaft führen zu Entlassungen und Konkursen.
- USA erschwert Import (Schutzzölle, Abwertung) und fordert europäische Kredite zurück.
  => **Aus amerikanischer Krise wird Weltwirtschaftskrise.**
- **24. Oktober 1929 Schwarzer Freitag.**
- Unerwartete, schockartige Krise, welche amerikanische Wirtschaft extrem schwächte.
- Beendete Hochkonjunktur, in welcher Produktion um 40% gestiegen war.
  - Entwickelte sich wie Löhne, daher Investitionen und Verbrauch über Kredite finanziert.
    - Konnten nach Börsencrash nicht zurückgezahlt werden.
- Banken und Unternehmen gingen Konkurs.
  => Preise, Nachfrage und Arbeitsplätze gingen zurück.
  => Zieht Erfolgschancen vom Kapitalismus ins Wanken, **Sowjetunion zelebriert Ende des Kapitalismus.**
  => NSDAP bietet klares Ziel an, deshalb großer Zulauf.
- **Oktober 1929 Weltwirtschaftskrise.**
- Ausländische Kredite ermöglichten Wirtschaftswachstum, wurden durch Krise gekündigt und Wirtschaft brach zusammen.
  - Arbeitslosenversicherung konnte Zahlungen nicht mehr nachkommen.
- SPD und DVP stritten um Sanierung der Arbeitslosenversicherung.
- Unternehmer wollten Leistungsabbau, Gewerkschaften wollten Beitragserhöhungen.
  => Müllerregierung will Beiträge von 0,25% auf 4% erhöhen, gegen bürgerliche Parteien.
- Arbeitslosigkeit wurde durch Weltwirtschaftskrise erhöht, da Nachfrage sank und Unternehmen weniger produzieren konnten.
  → Kreislauf in hohe Arbeitslosenzahlen.

- Weltwirtschaftskrise führt zum Zulauf der KPD und NSDAP, welche mehr Stimmen in Reichstagswahlen bekamen.
- In Arbeiterbezirken bekämpften bewaffnete Kommunisten Reichswehr wegen unsicherer Wirtschaftslage.
- **1929** Keine Parteien mehr in Italien, Mussolini war Regierungschef, Innen- und Außenminister sowie Oberbefehlshaber der Armee.
- Macht wurde nur durch Kirche, König und Militär eingeschränkt.
  → „Duce" wurde zum Diktator.
- Mussolini stärkte Katholizismus als einzige Konfession, Zugeständnis an König.
- Erster Politiker, der gezielt mediale Propaganda einsetzte um Massen zu mobilisieren.
  ▪ Als Arbeiter fotografiert, der für Größe Italiens arbeitet, als Förderer des technologischen Fortschritts und als Nachfolger der Cäsaren.
- Größe Mussolinis sollte auch in Architektur sichtbar sein.
  ▪ Skulpturen, Triumphbögen und Denkmäler wurden nach römischem Vorbild gebaut um Stolz und Selbstbewusstsein der Nation zu heben.
- Duce erstrebte alten Stolz und Ruhm Roms, weshalb er im Mittelmeer expandierte.
- **1929 – 1933** Bruttosozialprodukt in Amerika halbiert.
- **1929/30** Weltwirtschaftskrise bringt Kapitalismus in ernsthafte Legitimationskrise.
- Amerikanische Demokratie wurde mit Weltwirtschaftskrise auf Probe gestellt.
  => Deutsche Demokratie versagte daran.
- **1930er Jahre Nach Amerika ist Sowjetunion produktionsreichstes Land der Welt.**
- Produktion der Sowjetunion steigt um 80% an.
  ▪ Industrie im Kapitalismus geschwächt, Industrie in Sowjetunion wächst rasant.
  → Sowjetunion holt Kapitalismus ein.
  => Sowjetunion stieg zur Supermacht auf, die Weltpolitik dominiert und Schicksal Deutschlands beeinflusste.
- Industrieboom führte zur Verschlechterung der Lage der Arbeitern in Russland.
- Wanderung in Städte, Gewöhnung an städtisches Leben und Arbeitsweise.
- Enorme Arbeitsleistungen teils aus Enthusiasmus, teils aus Angst.
- Industrieboom führt zur Bevorzugung / Vernachlässigung einiger Branchen.
  → Führte zu Ungleichheiten und Fehlentwicklungen, die gesellschaftliches Konfliktpotenzial erhöhten.
- Freie Diskussion in Öffentlichkeit und Partei durch diktatorische Regierung zum Erliegen gekommen.
- Daher kein Austausch über oder Angehen gesellschaftlicher Konflikte oder Spannungen.
- Entluden sich in Ablenkung auf Spione und Verräter.
  => Staatlich gelenkter Terror in Sowjetunion forderte viele Opfer.
- **27. März 1930** Regierung Müller bricht am Beitragsstreit zusammen.
  => Parlamentarische Phase der Republik endet.
- Mit Brüningregierung beginnt **Phase der Präsidialkabinette.**
- Stützt sich nicht mehr auf Reichstag, sondern auf Vertrauen Hindenburgs (nach Art. 48).
  → **Ende der Republik.**
- Reichstag verlor zunehmend an Einfluss, tagte immer seltener, bürokratischer Verwaltungsstaat verselbstständigte sich und trug autoritäre Züge.
- **1930** Parteien können sich nicht auf fähigen Kanzler einigen.
  => Hindenburg baut Regierung nach seinem Vertrauen auf.
- **29. März 1930** Hindenburg ernennt Brüning (Zentrum) zum Kanzler.
- **„Brüning Plan"**

- Wollte Young Plan und Reparationszahlungen endgültig und Krise der Wirtschafts- und Staatsfinanzen durch strikte Sparpolitik beenden.
- Brüning verfolgte **Deflationspolitik.**
- Steuererhöhungen sowie Kürzung von Löhnen, Gehältern und Unterstützungen.
- → Massenkaufkraft und Nachfrage nach Gütern sinkt.
- => Folgen sollten beweisen, dass Reparationszahlungen Deutschland nur schaden.
- **30. Juni 1930** Räumung des Rheinlandes von französischen Truppen.
- Bildet vollständige Wiederherstellung deutscher Souveränität.
- **16. Juli 1930** Reichstag hebt Brünings Sanierungsmaßnahmen mittels **Notverordnung** auf.
- Daraufhin löst Hindenburg Reichstag auf.
- => Brüning kann 60 Tage ohne Kontrolle regieren.
- **14. September 1930 Reichstagswahlen.**
- SPD mit 24,5% stärkste Kraft, mit 18,2 % war NSDAP zweitstärkste.
  - Erdrutschartiger Aufstieg, von Splitterpartei zur Massenbewegung geworden.
  - Beliebt bei allen, vor allem Mittelschicht, aber auch bei Neu- bzw. Nichtwählern, versprachen wirtschaftlichen Aufschwung unter starken Führer.
  - Sensationelle Wahlerfolge Hitlers machen Hoffnungen auf regierungsfähige Koalition endgültig zunichte.
  - Frage nicht mehr ob Brüning bleibt, sondern wann Hitler kommt.
- KPD mit 13,1 % ebenfalls starker Zuwachs, lehnte Republik auch ab.
- Andere Parteien verloren Wahlen, Zentrum und BVP gewannen nur knapp.
- Brüning stütze sich auf Präsidenten und auf SPD, welche seine Politik entschlossen tolerierte.
- SPD sah Brüning als kleineres Übel anstelle von Hitler und unterstützte preußische Regierung unter Braun (SPD).
- **Juli 1931** Mehrere Bankenzusammenbrüche in Deutschland.
- **1932** 20 Monate lang regierte „**Verwaltungsstaat**" bis Brüning Vertrauen des Präsidenten verlor.
- Deflationspolitik von Brüning ließ das Vertrauen schwanken.
  - 6 Millionen Arbeitslose, Rückgang der Kaufkraft und Zusammenbrüche vieler Betriebe.
  - Steuern erhoben, Zinsen und Mieten gesenkt → Schwindender Rückhalt bei Wohlhabenden.
- => Dadurch wurden Reparationszahlungen gesenkt, aber unbedacht und Hindenburg verlor Vertrauen.
- **1932 Reparationskonferenz in Lausanne.**
- Aufschub der Reparationszahlungen gewährt.
- **März – April 1932 Reichspräsidentenwahlen.**
- Gemäßigte Parteien unterstützen Hindenburg um Hitler zu verhindern.
- → Insgesamt: „*Rechtsruck*" - Kein gemäßigter Kandidat steht zur Wahl.
- Konservative, welche Hindenburgs Aufstieg erst ermöglichten, wendeten sich Hitler zu.
- Hindenburg setzte aktiv auf Unterstützung der Weimarer Koalition (SPD, DDP, BVP, Zentrum).
- => Hindenburg verübelte Brüning, dass seine Politik Unterstützung im Volk wegnahm.
- => **1932** gilt es Demokratie zu retten und weniger eigenen Interessen durchzusetzen.
- **10. April 1932 Hindenburg wurde erneut zum Reichspräsidenten gewählt.**
- **Mitte Mai 1932 Ostsiedlungsnotverordnung** erlassen.
- Hochverschuldete Großgrundbesitzer sollten enteignet werden und Land arbeitswilligen Bauern zur Verfügung gestellt werden.
- → Viele Unterstützer Hindenburgs wären davon betroffen gewesen.
- **30. Mai 1932 Hindenburg entlässt Brüning.**

- Unter Vorwand der *Ostsiedlungsnotverordnung*.
- Nach Entlassung Brünings schwand Macht des Reichstages.
- Umfeld des Präsidenten traf wichtige Entscheidungen mittels Intrigen und Machtkämpfen.
- **1. Juni 1932 Franz von Papen wird neuer Kanzler.**
- Bildet **Kabinett der Barone** aus preußischen Konservativen und ostelbischem Landadel.
- Schleicher war (Reichstagspräsident und) Reichswehrminister des ostelbischen Landadels.
- Wollte Hitler und NSDAP in Politik einbeziehen um sie zu zähmen.
- **4. Juni 1932 von Papen löst Reichstag auf.**
- Um Vorhaben Schleichers entgegenzuwirken.
- **20. Juli 1932 Preußenschlag.**
- Von Papen setzt SPD – Regierung in Preußen durch Staatsstreich ab, da Wahlkampf so brutal.
- Übernimmt Regierung und agiert selbst kommissarisch, SPD kann nicht offen Widerstand leisten, da Arbeiter durch Arbeitslosigkeit geschwächt sind.
- **31. Juli 1932 Reichstagswahlen.**
- Wahlkampf sehr brutal gewesen, Polizei, SA und KPD lieferten sich Straßenschlachten.
- Hohe Wahlbeteiligung zu Gunsten der NSDAP und KPD.
- SPD, Zentrum und BVP noch gerettet, liberale Mitte aufgerieben.
- Hitler verlangte neue Regierung unter seiner Führung, Hindenburg hielt an Papenregierung fest.
- **September 1932** Reichstag spricht Misstrauen gegenüber von Papen aus.
- **6. November 1932 Reichstagswahlen.**
- NSDAP erlangte erstmals Stimmverluste und verlor Status der Unaufhaltsamkeit.
- Unterstützt von einflussreichen Wirtschaftskreisen verlangte Hitler abermals Kanzlerschaft,
  - Hindenburg beauftragte von Papen mit Regierungsbildung.
- Von Papen wollte Reichstag auflösen und sich auf Hindenburg und Reichswehr stützend regieren.
- Hindenburg wollte keinen offenen Verfassungsbruch begehen.
- Schleicher verweigerte Unterstützung, da er selbst Kanzler werden wollte.
  - Schleicher hoffte NSDAP spalten zu können und Arbeiter durch *Arbeitsbeschaffungsmaßnahmen* und arbeitnehmerfreundlichen Politik für sich gewinnen zu können.
- **3. Dezember 1932 Schleicher wird neuer Kanzler.**
- Hitler verhindert Spaltung der NSDAP und Anbindung der Gewerkschaften an Schleicher.
  - Schleicher verlangte Auflösung des Reichstages, doch von Hindenburg verweigert.
- Von Papen nähert sich Hitler an und schließt Koalition NSDAP + DNVP.
- Unterstützt von einflussreichen Kreisen und Hindenburgs Sohn Oskar.
- **1932** Italien unter Mussolini besetzt Libyen.
- **1932** 15 Millionen Amerikaner (¼ der Erwerbstätigen) arbeitslos.
- **1932** Präsidentenwahl in Amerika von Republikanern verloren.
- Doch konnten links- oder rechtsextreme Parteien Bevölkerung nicht für sich gewinnen.
- Demokrat Roosevelt wegen wirtschaftspolitischem Konzept gewählt.
- **„New Deal – Politik" von Roosevelt.**
- Krise sollte mittels **Keynes Strategie** abgewendet werden, *Arbeitsbeschaffungsmaßnahmen* und *Sozialversicherungen* vom Staat eingerichtet.
  - Alters-, Unfall- und Arbeitslosenversicherung und Stärkung der Gewerkschaften.
  - → Roosevelt wollte soziale Verantwortung des Staates betonen, Wirtschaft stand im Hintergrund.

=> New Deal zeigte Wirkung auch wenn Krise damit nicht Überwunden wurde.
- **1932/33 Zwangskollektivierung** endet in Zerrüttung der Landwirtschaft und Hungernot in Russland.
- Erneut Millionen Opfer.
- **Zentral gelenkte Befehlswirtschaft eingeführt.**
- Landwirtschaft und Industrie unterlagen zentraler Wirtschaftsplanung und festgelegten Vorgaben.
- Landwirtschaft konnte sich nur langsam von Zwangskollektivierung erholen, da landwirtschaftliche Geräte nur gering bereitgestellt wurden.

Historiker über die Weimarer Republik

- **Eberhard Kolb über die Weimarer Republik (91/M1).**
- Folgen des Nationalsozialismus werfen Fragen bezüglich Hitlers Machtergreifung und dem Scheitern der Republik auf, welche von Historikern unterschiedlich beantwortet werden.
  - ○ Monokausale Deutungsversuche wurden verworfen, da sie die Fragen nur einseitig fassen.
- Für die Deutung dieser Probleme kommen mehrere Faktoren in Frage, in denen sich die Historiker einig sind:
  - ○ Institutionelle Rahmenbedingungen.
    - ▪ Verfassungsmäßige Rechte und Möglichkeiten des Reichspräsidenten sowie fehlende politische Mehrheiten → Präsidialkabinette.
  - ○ Ökonomische Entwicklung.
    - → Auswirkungen auf das politische und soziale Machtverhältnis (inflations- und Deflationspolitik).
  - ○ Politische Kultur.
    - ▪ Verantwortlich für Republikferne der Eliten, die an der alten Ordnung festhalten, Konservative Eliten im Amt geblieben.
    - ▪ Veränderung im sozialem Gefüge: Mittelstand wurde umgeschichtet.
    - → Neue politische Orientierung und Wahlverhalten geschaffen.
  - ○ Ideologische Faktoren.
    - ▪ Militärische Tradition in der deutschen Gesellschaft und extremer Nationalismus.
    - ▪ Kriegsniederlage, Dolchstoß-Legende und Kriegsunschuldspropaganda verstärken die Distanzierung zur Weimarer Republik.
    - ▪ Führererwartungen bereiten den Boden für Hitlers Machtaufstieg.
  - ○ Massenpsychologische Momente.
    - ▪ Erfolge der Massenpropaganda durch Entwurzelung der Tradition und politische Unsicherheit / Instabilität.
  - ○ Rolle einzelner Persönlichkeiten.
    - ▪ Hindenburg, Schleicher und von Papen haben Volk stark beeinflusst – direkt und indirekt.
- Unterschiedliche Antworten der Historiker kommen durch die unterschiedlich starke Gewichtung und Verknüpfung der obrigen Faktoren.
  - ○ Quellen geben Gewicht und Verknüpfung nicht an, sondern müssen von Historikern interpretiert werden.
    - ▪ Wird beeinflusst durch Erkenntnisinteresse, welches sich stetig wandelt und durch Perspektive, welche aus Erfahrungshorizont, Wertvorstellungen und Beurteilungsmaßstäben erwächst sowie aktuellem Zeitgeist.

- **Detlev J. K. Peukert über die Demokratie im Nachkriegsdeutschland (91/M2).**

- Politisches Experiment, Weimarer Republik, fand zu ungünstigen Rahmenbedingungen statt.
  - In den 30 Jahren nach dem 1. Weltkrieg experimentierte die Welt an weltwirtschaftlichen und weltpolitischen Systemen, welche 1929 – 1933 in der Weltwirtschaftskrise und dem 2. Weltkrieg endeten.
- Schwaches Wirtschaftswachstum hemmt Kompromisse, welche die Weimarer Republik eingehen konnte, um große Teile der Bevölkerung zufrieden zu stellen.
  - Es mussten Abstriche an der Substanz gemacht werden, was zur Polarisierung unversöhnlicher Gruppen in der deutschen Gesellschaft führte.
- Umschwung von Reformverheißungen über Handlungsblockade zur Rücknahme der Errungenschaften wird besonders an der deutschen Wirtschafts- und Sozialpolitik deutlich.
  - 1919 Sozialstaat erhält Verfassungsrang, regelt in Reformen Bereiche von Sozialpädagogik bis zur Arbeitslosenversicherung.
- Wirtschaftskrise führt zum Abbau des Sozialstaates.
  - Innere Widersprüche und äußere Hindernisse gelten als Grenzen des Sozialstaates, sodass Wirtschaftskrise nur ein Vorwand war.
- In der Nachkriegszeit wurden Arbeitsgemeinschaftsabkommen, Ansätze zur Mitbestimmung und staatlich-garantiertes, tarifpolitisches System versprochen und aufgestellt.
  - Nach der Inflation bröckelte auch dieses Fundament.
- Verteilungskämpfe veranlassten Unternehmer gegen Sozial- und Gewerkschaftsstaat vorzugehen und Löhne wie auch das Lebensniveau der Arbeiter abzubauen.
  => Soziale Gründungskompromisse wurden durch Dauerkrisen zum Stolperstein der Republikaner.

- **Otto Dann über die Definition des Nationenbegriffes (92/M3).**
  - Nach der Wiedervereinigung wird der Begriff Nation neu diskutiert.
    - Selbstverständnis der Deutschen und Verhältnis Nation ↔ Staat wird untersucht.
- Weimarer Republik ist gespaltene Nation, genau wie das Kaiserreich.
  - Jedoch einige Unterschiede zwischen diesen Epochen.
    - Im Kaiserreich herrscht Übereinstimmung zwischen Gegensätze der Klassen und politischen Lagern in der Gesellschaft.
    - Im Krieg wird der Begriff „Volksgemeinschaft" geprägt.
      - Spiegelt Hoffnungen wieder, Nation zu vereinen.
      → Linke und Rechte verstehen etwas anderes darunter.
    - In Weimarer Republik sind Klassengegensätze überlagert und prägen nicht mehr so stark das politische Spektrum.
      - Verarmung des Mittelstandes führt zu zeitweiser Koalition in der alte Klassengegensätze mit sozialdemokratisch-bürgerlicher Politik überbrückt wird.
- Neue Nationsbildung durch Demokratie nicht im Verhalten der Gesellschaft aufgenommen worden.
  - Dadurch neue Spaltung in der Bevölkerung; Kampf um den Staat zwischen Befürwortern und Gegnern der Republik bricht aus.
    => Totalopposition bildet sich und nimmt dem Volk die nationale Identität.
- Kampf um die Nation auch dadurch, da Totalopposition und Befürworten der Republik die Nation vertreten wollen.
  - Hatte ideologische und soziale Dimension.
    - Demokratisches und nationalsozialistisches Konzept standen sich gegenüber.
    - Kampf um die Gunst der Gesellschaft, welches der Nationalismus gewann.
      → Nur gewonnen, da bürgerliche DNVP und Zentrum ihre Ziele gegen den modernen,

demokratischen Nationalstaat wendeten.

- Neben der nationalistischen Totalopposition gab es auch die kommunistische Opposition.
  - Militante, antidemokratische Klassenkampfparole sprengte die Weimarer Republik und verunsicherte die staatstragende SPD.

- **Winkler über die Erfahrungen aus Weimar in der BRD und DDR (93/M4).**
- BRD und DDR blicken anders auf die Folgen der Weimarer Republik.
  - Elitekonsens in der BRD, dass Weimarer Republik unter anderem am parlamentarischen Rat gescheitert sei.
    => Deshalb 1945 abwehrbereite, funktionstüchtige, repräsentative Demokratie mit Grundgesetz aufgestellt.
    - Antidemokratische Konsequenz schuf Verfassungspatriotismus, da Feinde niemals wieder die Regierung legal beseitigen können sollen.
    => BRD sieht Weimarer Republik als schlechtes Beispiel parlamentarischer Demokratie, aus welchem man lernen kann.
  - SED sah im Untergang der Weimarer Republik die Erfüllung der 1918/19 Revolution.
    - SED sieht Schuld an fehlender Einheitsfront gegen Hitlers Machtmonopol.
      → Zieht aus Weimarer Republik antifaschistische Konsequenzen.
      - Faschismus in Kapitalismus entstanden; Kapitalismus ist damit durch den Sozialismus nach sowjetischem Vorbild der marxistisch-leninistischen Partei zu entfernen.
    => DDR nutzt Erfahrungen der Weimarer Republik um Diktatur des Proletariats einzuführen und zu begründen.
  - DDR will Kapitalismus und Demokratie der BRD wirksam entgegenstehen.
- Wiedervereintes Deutschland baut auf den Erfahrungen von Weimar auf.
  - Deutschland hat der Weimarer Republik das Frauenwahlrecht, Republik als Staatsform, parlamentarische Demokratie, Tarifautonomie und Arbeitslosenversicherung zu verdanken.
  - Weimarer Republik prägte neben den wirtschaftlichen Rahmenbedingungen für das Soziale den Sozialstaat durch soziale Rahmenbedingungen der Wirtschaft.
    => Nur wegen den Erfahrungen der Weimarer Republik herrscht nun eine gelernte und gesamtdeutsche Demokratie.